Baby Believer®

Desde el EDÉN a BELÉN

Conoce los animales

Por Danielle Hitchen • Ilustraciones de Jessica Blanchard

LA SERPIENTE

La serpiente se acercó a Adán y Eva en el huerto del Edén y los convenció de que comieran del fruto que Dios les había ordenado que no comieran. Entonces, Dios maldijo a la serpiente diciendo:

«Y pondré enemistad entre tú y la mujer,
y entre tu simiente y su simiente; él te herirá en la cabeza,
y tú lo herirás en el calcañar».

GÉNESIS 3:15

EL CARNERO

Muchos años después, Dios le pidió a Abraham que ofreciera a su hijo en sacrificio. Abraham obedeció, pero justo antes de que Abraham lo hiciera, Dios proveyó un carnero para ser sacrificado en lugar de su hijo. Dios estaba complacido y dijo:

«...por cuanto has hecho esto y no me has rehusado tu hijo, tu único, de cierto te bendeciré grandemente... y en tu simiente serán bendecidas todas las naciones de la tierra».

GÉNESIS 22:16-18

EL LOBO

Siglos pasaron y el profeta Isaías dijo que el Mesías
que vendría se llamaría «…Admirable, Consejero, Dios Fuerte,
Padre Eterno, Príncipe de Paz». Como el Príncipe de Paz,
el Salvador vendrá para establecer Su reino,
un lugar donde incluso los animales salvajes vivirán en armonía.

«Morará el lobo con el cordero…»

ISAÍAS 9:6, 11:6 RVR 1960

EL LEOPARDO Y EL CABRITO

«...y el leopardo con el cabrito se acostará...»

ISAÍAS 11:6 RVR 1960

EL OSO

«La vaca pastará con la osa...»

ISAÍAS 11:7 NVI

EL LEÓN

«...y el león, como el buey, comerá paja...
No dañarán ni destruirán en todo mi santo monte,
porque la tierra estará llena del conocimiento
del Señor como las aguas cubren el mar».

ISAÍAS 11:7, 9

EL BURRO

Setecientos años después de Isaías, el ángel Gabriel vino
a María y le dijo: «…has hallado gracia delante de Dios.
Y he aquí… darás a luz un hijo, y le pondrás por nombre Jesús.
Este será grande y será llamado Hijo del Altísimo…».

Mientras María estaba embarazada de Jesús,
ella viajó a Belén con su esposo, José.

LUCAS 1:30-32

LA VACA

El día del nacimiento de Jesús llegó. María «...dio a luz a su hijo primogénito; le envolvió en pañales y le acostó en un pesebre, porque no había lugar para ellos en el mesón».

Lucas 2:7

LA OVEJA

Aquella noche, había pastores cuidando sus ovejas.
Un ángel se les apareció exclamando:

«…"Miren que les traigo buenas noticias que serán motivo de mucha alegría para todo el pueblo. Hoy les ha nacido en la Ciudad de David un Salvador, que es Cristo el Señor"…
De repente apareció una multitud de ángeles del cielo, que alababan a Dios y decían: "Gloria a Dios en las alturas, y en la tierra paz a los que gozan de su buena voluntad"».

Lucas 2:10-11, 13-14 NVI

EL CAMELLO

Algún tiempo después, los magos del oriente siguieron una estrella para encontrar a Jesús. «Y entrando en la casa, vieron al Niño con su madre María, y postrándose le adoraron;...».

MATEO 2:11

Los libros de Baby Believer® te ayudan a enseñar los principios centrales de la fe cristiana a tus hijos para que crezcan conociendo al Señor y no se aparten de Él.

DESDE EL EDÉN A BELÉN

B&H Publishing Group

Brentwood TN, 37027

Diseño de portada: Jessica Blanchard

ISBN: 978-1-4300-8768-7

Impreso en China
1 2 3 4 5 * 28 27 26 25

Para Nathan, quien siempre me guía hacia Cristo. -D.H.

Para mi padre: gracias por tu amor y apoyo constante. -J.B.

Danielle Hitchen y Jessica Blanchard:
fundaron *Catechesis Books* y crearon Baby Believer®, una serie de libros que colabora con los padres en la enseñanza de los principios básicos de la teología cristiana para sus hijos.

www.catechesisbooks.com

Edades 0-4

RELIGIÓN/Ministerio Cristiano/Niños
RELIGION/Christian Ministry/Children
Impreso en China/Printed in China
978-1-4300-8768-7

9 781430 087687

bhniños.com